コーヒーと旅

キン・シオタニ

マドレーヌブックス

コーヒーと旅

キン・シオタニ

マドレーヌブックス

カランコロン（まえがき）

これは僕が好きな昔ながらの喫茶店の扉を開ける音です。もっと正確にいうと「カランコロンカラン」くらいかな？

考えてみればこの音は僕を別世界に連れていってくれる音だった。はじめての喫茶店に入る時も、よく知っている喫茶店に入る時も、僕が選ぶ喫茶店はこういう音の扉をあけて入る店が多い。店に入ると入り口に新聞や雑誌が置いてあって、それを持って席につき、お店の人がお水をもってきた時に、ブレンド、朝ならモーニングを頼む。それが旅先の喫茶店だったら、表向きはその店の常連客を気取っているつもりだけど、心の中では喫茶店の中の色んな景色にわくわくしています（どっちにしろ店の人は僕のことを見たことがないのだから僕が常連客を気取っているのは間抜けな話なんだけどね）。コーヒーが五百円以下、メニューが厚い、銅板のレリーフがある、椅子がやわらかい、そしておしぼりがタオル。そんな僕のいい喫茶店の条件がいくつ揃っているかを確認したり、その店の本当の常連さんを観察しながら、その街の日常を想像したりするのが好きだ。その店の中ではみんなが日常。旅をしている僕にとっては非日常。そういう空間が大好き。

逆に僕がいつも行く喫茶店では僕にとっても店にとっても

日常の風景で、そこにはじめて来る客にとっては非日常。なんかそれっておもしろい。日常の散歩の一部である喫茶店での一休みにしても、いつも行っているはずなのに店に入ったとたん、どこか非日常な気分になれるんだよね。

僕は今、いつもの喫茶店で珍しくパソコンを持ちこんでこの文章を書いています。

マスターはそのことに気づいていても「今日は、珍しくお仕事ですね」なんて言わない絶妙の距離感をもっている。僕だったら絶対に言う。僕がよく行くいくつかの喫茶店の、カフェのマスターやスタッフさんはそういう付き合いがみな分かっているように思える。みんな長い経験で色々得ているんだろうな。

この本では僕が今日までの人生の旅で飲んできたコーヒーやその時のことについて、思い出しながら書いてみたいと思います。今から色々思い出してみるよ。よろしくねー。

追記

さっき店で新聞でも読もうかなと思ってレジの前に行ったらマスターにこう言われた。

「今日は珍しくお仕事ですね」

目次

Ⅰ　コーヒーの旅

Ⅱ コーヒーの人たち

Ⅲ　コーヒーの出会い

Ⅰ・コーヒーの旅

手焼きの焙煎を見せてもらう

吉祥寺にある「BLACKWELL COFFEE」は手焼きの焙煎豆でコーヒーを出すお店だ。手焼きの焙煎? よくわからない。すごく気になったのでチャンスをみつけてマスターの甲斐さんに「焙煎しているところを見せて下さい」と頼むと「じゃあ明日七時半に店に来て」と言われたのでさっそく行った。地元はいいなー。

開店は十時半からだけどマスターは毎日七時に来て焙煎を

はじめる。七時四十分に行くとすでに焙煎をはじめようとしていたところでちょっと待っていてくれていたみたい。ハンドピッキングで石や不純物を取り除いた生豆を見せてくれた。豆は酸味も深みも強いケニア。いったい手焼きの焙煎ってどんな感じでやるのだろうと思っていると、「これでやるんです」と見せてくれたのがサンプルロースターという丸い年季の入った焙煎釜。何かに似ているなと思ったら商店街の福引きのガラガラ抽選器っぽい感じもする。この中に生豆をいれて火を点けて焙煎釜を手でガラガラとまわしはじめる。同じ手焼きでもフライパンでやる人の話も聞いたことがあるが、この焙煎釜でまわすと均等に焼ける。

焙煎時間はだいたい十分。その間に火の粉は飛ぶわ、煙は出るわ、火の調節もする。結構な作業だ。甲斐さんは自分でつくった特性の蓋《ふた》を途中でかぶせていた。

コーヒー豆は焙煎していると豆が破裂してパチっと音がする瞬間、いわゆる「ハゼ（爆ぜ）」がある。簡単に言うとポップコーンみたいな感じかな？　焙煎はすすめていくと一ハゼと二ハゼという二回のハゼがあって、このどこで煎りを止めるかによって浅煎りか深煎りが決まります。BLACKWELL COFFEEは二ハゼのピーク直前で煎りを止める深入りの豆が多いそうです。

一ハゼは八分すぎにやってくる。豆にも個性があって気の早い豆は早くハゼる。僕はよく井の頭公園の桜を見ていて、一本の桜の木でも、花の咲く時期が色々あるのを人生と同じだなと思ったものだ。桜の木自体もそうだし、同じ木の中の桜の花弁もそう。早咲き遅咲き、人生みたい。そしてそれはコーヒー豆もそうだと今初めて知りました。早く弾ける豆もあればのんびりした豆もある。早咲きの豆がハゼるとそのうち色んな豆がハゼ始める。パチパチパチパチ。焙煎釜の中が賑やかになる。団塊の世代かな（笑） 甲斐さんはこのハゼのことを豆の「声が聞こえる」と表現していた。

一ハゼが終ると一度静かになる。もちろんその間も釜はまわし続けているので豆のまわる音はする。ほどなくして二ハゼがはじまる。今度の音はチリチリいう。そうして釜をあげる瞬間。正確に言えば「今だ！」という釜をあげる前の瞬間が甲斐さんは一番好きだという。直感の世界だ。豆を見せてらうときれいな茶色に焼けている。「ひとつ齧《かじ》ってみて下さい」と豆を一粒もらった。カリっとしてまるでお菓子みたい。これはこれでおいしい。ここに水分が残るとカリっとはしないらしく、甲斐さんは「これでよし」となる。

エアコンをつけると煙が吸い込まれるので夏は下着一枚で、冬はダウンを着て焙煎をする。なぜ手焼きにこだわるのかと聞くと、一杯のコーヒーを提供するまでの間になるべく自分とのかかわりの時間を多く持ちたいのだと言っていた。

甲斐さんはこの仕事をして十年、それまではデザインの仕事やアパレルの仕事、そして音楽の仕事にかかわってきた。それはすべて「表現」であり、今自分がたどりついた表現がこのコーヒーの味だということだ。焙煎したてのコーヒー豆で淹れたコーヒーはさぞかし美味しいだろうと聞くと、なんとそうではないらしい。焙煎したてのコーヒーをその日のうちに出すことはなく、これは一日おいたほうが味に深みがでるのだそうだ。

豆のことを「子供たち」と呼んだり、焙煎している十分の時間をまるで曲のようだと表現したりする甲斐さんの淹れたＢＬＡＣＫＷＥＬＬ ＣＯＦＦＥの一杯はそんなマスターの心が入った一杯だ。

珈琲という漢字

珈琲という漢字は「珈」も「琲」もこれ以外使ったことがない。しかし調べてみると両方とも漢字としては存在するらしく、このために作った漢字ではなかった。「珈」という字は音読みで「カ」、訓読みで「かみかざり」と読むそうで、「かみかざり」で変換すると「珈」と出てくる。さらに驚いたのは「珈」は人名用漢字になっていて「愛珈（あいか）」などの名前もいるみたい。愛珈ちゃんのご両親はおそらく珈琲を愛しているのかなと思う。

一方、珈琲の「琲」は音読みで「ハイ」「ヒ」と読んで訓読みはなく、人名にも使えない。意味は玉飾りのこと。つまり珈琲は髪飾り、玉飾りが漢字の由来だ。これは不思議でおもしろい。そしてさらに調べていくとこの今、ふつうに使われている「珈琲」という漢字にしろ、その他、明治以降に外国から入ってきたそれまで日本にはなかったものに名前をつけ、それに漢字をあてたり、あるいは言葉そのものを作ったり、中国にあった言葉に新しい意味を加えたいわゆる「和製漢語」を作った人がいるということです。「哲学」、「芸術」は西周（にしあまね）、「社会」「演説」「経済」は福沢諭吉、「象徴」「美学」は中江兆民と言われている。

コーヒーを「珈琲」としたのは江戸時代の蘭学者の宇田川榕庵（うだがわようあん）で、津山藩の藩医でもあった。彼は他にも「酸素」「水素」「細胞」などの化学や植物学系の言葉を作っている。当時の西洋の物品はオランダから日本に入ってきた物が多く、コーヒーもオランダからやってきた。つまり珈琲の「珈」が「コー」でなくて「カ」と読むのはオランダ語で珈琲のことを「カヒイ」というから。蘭学者としてオランダ商館長と交流があった榕庵は江戸でコーヒーを飲む機会に恵まれる。コーヒーはオランダ商館が江戸で要人と会う際に土産としてよく送られていたりしたようだ。おもしろいのは榕庵がコーヒーを飲んだ時は粉になっているはずでコーヒーの実がそこにあったとは思えないのですが、コーヒーの赤い実がまるで女の人の髪飾りのようだとして、「珈琲」の字をあてたのは、「花粉」などの言葉も作った植物学に造詣の深い宇田川榕庵ならではのことなんだなと思うわけです。まあそれが二百年たって、これほど一般的に使われているなどとは榕庵も想像してなかったんじゃないかな。すごいね。珈琲という漢字を作り上げ、それをみんなが使っているって。まあどんなものも最初に作る人がいて、それが定着して今があるのだろうけど。コーヒーそのものもそうだし、カップもお湯も、誰かが発明、または発見したんだろうな。

日本ではじめてコーヒーを飲んだ人

日本で初めてコーヒーを飲んだ人としてよくあげられるのは江戸時代の文人、大田南畝（おおたなんぽ）だ。太田蜀山人（おおたしょくさんじん）の名前でも知られる文化人で、彼の一八〇四年の随筆の中でコーヒーを飲んだ時の感想が書かれているのが、コーヒーの飲用に関する日本で最初の記述とされていると聞く。

「紅毛船にて〝カウヒイ〟というものを勧む、豆を黒く炒りて粉にし、白糖を和したるものなり、焦げくさくて味ふるに堪えず」(『瓊浦《けいほ》又綴《ゆうてつ》』一八〇四)

焦げ臭くて味わうに堪えず。初めて飲んだらそんな感じなんだろうね。すごく面白いしリアルだと思った。コーヒーはもう僕たちの中で定着している物なので驚かないけれど、もともとは薬として出回ったわけだし、何だか分かる気がする。あと、外国に行った時とかに、初めて食べるものではおそるおそるで僕たちにとっても未知のものはこういった感想をもつこともまだあるしね。シンガポールで食べたドリアンは怖かったな。外国じゃなくても日本でも地方によってはたまにそういう機会がある。何で今までこんなおいしい物を知らなかったんだろう？　と思うような食べ物や、逆に何でこんなものをここではみんな好んで食べるんだろう、みたいなこともあった。

でも本当に最初にコーヒーを飲んだ日本人って誰なんだろう？　案外長崎の遊郭で働いていた女の人がオランダ人のお客に「飲んでみる？」みたいな感じで飲んだのが最初なんじゃないかなとも思う。

そう思って今、これを書くのを一度やめて調べてみたら、なんと、長崎の遊郭街、丸山の遊女が最初にコーヒーを飲んだ説が結構有力でびっくりした。「はい、今、日本で最初のコーヒーを飲みました」みたいな判定員がいるわけじゃないし、通訳はもちろん、船乗りや商人が味見くらいはしているかもしれないしね。でも自慢だろうな？　日本人で最初にコーヒーを飲んだのは自分だって言えるのはね。ちなみにヴィレッジバンガードという本屋さんがやっているヴィレッジヴァンガードダイナー（一号店の阿佐ヶ谷にはもうないけど、吉祥寺や西荻とか結構まわりにあります）のハンバーガーを最初に食べたのは僕だよ！。阿佐ヶ谷で試作品を食べたんだ。まあコーヒーとは全然違うけどちょっと自慢してみちゃった。でもこれからもそういうことがまたあるかもね。新しい食べ物を日本人で最初に食べて、それがそのあとすごく広まったりしたらそうなるんじゃないかな？　まあ日本にもう出回っていること自体そうならないのか？　誰か食べているはずだもの。まあ、そんなことに頑張らなくてもいいかな。

あるとうれしい銅のレリーフ

昔ながらの喫茶店に行くと、店内に銅のレリーフが飾られていることがあり、僕の中では名店のチェックポイントのひとつだ。そのレリーフのモチーフは様々だがよくあるのはコーヒーの樹や、収穫の様子、そしてカルディ少年のコーヒー発見の図。

僕たちが今普通に飲んでいるコーヒーはいつ、どうやって発見されたのだろう？　コーヒーの専門の本には必ずコーヒーの歴史が書かれています。エチオピアで発見されたこと、最初は薬として食されていたこと。その後煮汁を飲むようになり、何かの偶然で豆が焼かれ、香りがよくて焙煎されるようになったなどいつどこで読んでも新しい知識が増えて「へー!」って思えることばかり。日本にコーヒーが入った時のことなどもおもしろいのでそれはそういう本を読むことをお勧めします。

僕はここではコーヒー発見伝説の一番有名な話、カルディ少年の話だけ書こう。これはよくレリーフになっているからお店で見つけると意味がわかって少し面白いんだ。

エチオピアにカルディという名の山羊飼いがいて、ある時、山羊たちが飛んだり、跳ねたり興奮しているのでなんだろうと思って観察すると、山羊たちが赤い実を食べていた。なんだろうと思ってカルディ少年もそれを食べてみると体中に力がみなぎって爽快になった。それで近くのイスラム教の修道院でそのことを話すと、みんなもその効用を認め、夜の修行の眠気覚ましの秘薬として使われることになった、というのがだいたいの話です。今では作り話とも言われているけど、喫茶店のレリーフにはそのカルディがコーヒーの木を発見した瞬間が描かれていることが多い。

そういえば横浜の生麦にある小さな喫茶店に寄った時に、コーヒーのレリーフがあって「いいですねー、この銅板のレリーフ！」とママに言ったら、「それよく見てごらんよ。銅なんかじゃないよ、発泡スチロールを茶色に塗っただけだよ」と返ってきた。

エチオピアのコーヒー

おととい知り合いのカフェに友達と二人で行った。メニューには色んなコーヒーがあったけど、一番上に書かれていた「ブレンド」というのと、その下に書かれていた「エチオピア」というふたつのコーヒーが気になった。

ブレンドはそのお店の味だし、店の個性が出る。一方、エチオピアはコーヒー発祥の地だし、何か惹かれる。なので（もうお分かりだと思いますが）友達とそれぞれひとつずつ頼み、飲み比べてみることにしました。

最初ブレンドを飲んで、「うん、僕はこっちがいいな」と思い、もうひとつを飲まなくてもいいやとも思ったけど、試しにもうエチオピアを一口もらったらびっくりしちゃった。酸味が強くてコーヒーじゃないみたい。コーヒーなんだけどコーヒーじゃないというか、なんというかフルーツジュースといったら大げさなんだけど、そんな感じ。甘くはないんだけどね。同じコーヒーでこうも違うのかと思った。

なので、カフェに誰かと行って二種類のコーヒーがあったら二人で飲みあうのは面白いと思います。みんなもそうすると思うけれど。でも一人で行った場合はどうすればいいのだろう。

長居して二杯飲もうかな？　でも時間のない時は？　まあその時の気分かな。なあんて、コーヒーのああでもないこうでもないとの平和な話でした。というかそれほどエチオピアのコーヒーにびっくりしたという話です。じゃあやっぱりエチオピアかな。

コーヒーミルの話

コーヒーは長いこと粉で買ってきてドリップで淹れていたけど、色んな人から豆を買ってきて飲む前に自分で挽いていれた方が断然美味しいと聞いたので、ここ数年はそうしている。

でもコーヒーミルを買う時に何を買えばいいのかまったくわからなくて色々近所のお店を見てまわった。まず、近所のスーパーのコーヒー売り場に行くと「カリタ」というメーカーのミルを売っていて、それでもよかったけど、もうちょっと見てみようと思い、その近くのコーヒーチェーン店に行った。

するとそこには「メリタ」というメーカーのミルが置いてあった。

ん？　カリタとメリタ？　なんか似ている名前にどっちかが本物でもう一方がそれをまねしているように思えて迷った。

そこでコーヒーのことに詳しい人に聞いてみようと思った。僕の知り合いで有田さんという新潟の人がいて、その人なら知っていると思い、メールで聞いてみた。

すると「どっちも有名ですよ」と答えが返ってきた。

「なんだそっか。でもどっちにすればいいんだろ？」と聞いたら、

「あの、私、コーヒーミルふたつあってひとつ使っていないので、それでよければあげますよー」とも言ってくれた。うれしい。もらいたい！　最初は慣れるためにもそういうもので練習したいなと思ってありがたくいただいた。それは

カリタでもメリタでもなくどこのメーカーのものかはわからなかったけど、友人の、が〜まるちょばのケッチ！にその話をしたら彼は笑いながらこう言った。
「じゃあ、カリタでもメリタでもなく、アリタだったね。」

贅沢なランチ

先日、はじめて入った喫茶店で昼食を食べた。パスタランチ八百五十円。店員の女性はハキハキして一生懸命な感じだった。僕はCセットのナポリタンを頼んだ。「ドリンクをつけますか?」と聞かれてメニューを見ると、二百円プラスでドリンクがつく。合計で千円を越えるとは思ったけど、水だけでパスタを食べるのは味気ないと思い、カフェオレをつけることにした。

「カフェオレはいつお持ちしましょうか?」と聞かれて、「食事と同じ時で」と言った。

そしてパスタは運ばれてきたが、カフェオレはこなかった。結構じっくり作っているんだな、ここの喫茶店やるなあ、と思ったがカフェオレはしばらくたってもこない。そのうちくるだろうと思ったし、一度厨房で「ゴーッ」っていうカフェオレを作っていそうな音がして期待したが、別な客に運ばれた。結局店員と何度も目を合わせたがカフェオレはこなかった。僕は水とともにパスタを食べた。

食後になってもこないので、ついに店員を呼び、そのことを話した。すると向こうはすでに誰か別の店員が食事と同じタイミングで出したのだと思っていたそうだ。平謝りに謝られすぐにカフェオレが運ばれてきた。すごく早く来た。おいしかったので一気に飲んだ。

それで会計を済ませて帰ろうかと思ったらさっきの店員が来て、

「さきほどは大変申し訳ありませんでした、これ、お詫びによかったらどうぞ」と結構大きなチョコレートケーキをもってきた。

なんか逆に申し訳ないなと思いながら食べた。おいしかったけど、何しろ大きかったし、ケーキだけ食べていると口がパサパサしてくる。でもすでにカフェオレは飲んでしまっていた。頑張って食べたけど、まだ半分以上残っている。少し気まずかったがさっきの店員を呼んで、カフェオレをおかわりした。今度もカフェオレがすぐにきた。そしてケーキを食べ、カフェオレを飲んで会計をすませて店を出た。ケーキはサービスだったが、カフェオレはもちろん通常料金の六百円で、僕は今日の昼に千六百五十円かかった。

コーヒーの実を食べに行く

コーヒーを調べたことのある人なら「コーヒーベルト」という言葉を聞いたことがある人も多いと思う。赤道付近、コーヒーの木の栽培に適している帯状の地域のこと。昔ながらの喫茶店のマスターはよく赤道の南北の緯度が二十五度の範囲と教えてくれる。そうすると日本の沖縄や小笠原はギリギリコーヒーベルトに入っているかいないかで、頑張って育てている人もあるようなのでこれから楽しみ。実際によいコーヒーの木が育つためには気候や温度、土壌など細かい条件が存在するけど、「コーヒーベルトの北限のコーヒー」っていう新しい売り方もできるんじゃないかな。僕も一度小笠原のコーヒーをお土産でもらって飲んだことがある。その時はまだあまりピンと来てなくて、普通に飲んだだけだったけど、今思えば日本でコーヒーが採れるってすごいことで、もっと味わって飲めばよかった。

二〇一七年の五月にメキシコに行った。メキシコのコーヒーはあまり日本に流通していなくて、それを飲むのも楽しみだったけど、それよりも大きな目的があった。それは「コーヒーの実を食べること」。まあ、他にも目的はいろいろあったけど、僕のまわりのコーヒー通や関係者もコーヒーの実を食べたことはなく、僕はいつか食べてみたいとずっと思っていた。というのも、コーヒーには長い歴史があるけれど、最初の何世紀か、人はコーヒーの実を食べていたからです。伝説の世界では発見された時は山羊が実を食べていたし、薬として長いこと食されてもきた。それがどんな味なのかを知りたかったたの。

メキシコはコーヒーベルトの中に入っていて、コーヒーの木も栽培している。だからコーヒーの実は採れるはず。

実はメキシコに行ったのは今回が二度目で、前回行った時

SORO SORO COFFEE TIME?

もコーヒーは飲んでいるはずなのだけど、その時は「メキシコのコーヒー」を飲むことにあまり興味がなく、本場のタコスを食べることが目的でした。だからメキシコのコーヒーを飲んでいるという実感がほとんどないままに日本に帰った。というか全体的にボーッとした思い出しか残っていません。その話も少しようかな。

前回のメキシコの旅は二〇一二年の十月。雑誌で見たカラフルな街並が見てみたかったのと、また本場のタコスを食べてみたくなって勢いで行った。到着した日は十三時間の飛行機の疲れと時差ボケと、高度二千メートル以上のメキシコシティの空気とお酒で頭がまわらなかった。そんな時にタクシーにお釣りをだまされた。行く前から色んな人に言われていたし、ガイドブックにも街の流しのタクシーは気をつけてと書いてあったけど、僕はあまり気に留めてなかった。人と人が接すれば、きっとわかるはず、僕はそうやって旅をしてきたと思っていた。まあでもこのことは僕が悪いというか、相手のそういう心を引き出してしまったというのもある。

タクシーに乗って降りる時に、細かいお金がなくて、千ペ

ソ札（約六千円）で払ったら、向こうもお釣りが多すぎて困った感じだった。あとで現地の日本人に聞いたら、千ペソの存在は知っているが見たことはないと言っていた。その言葉にはかなり驚きました。もし日本に十万円札があったらそんな感じなのかな。とにかく千ペソのお釣りに困った運転手はカバンの中から（だったと思いますが）釣りをくれた。なんだ、あるんじゃないかと思い安心した。さらに、大きいお金だとどこにいってもお釣りがでないから、もう千ペソ札で崩してあげるといわれたので、そうしてもらった。すごく親切、やっぱり人と人が接すればわかり会える、グラシアス！　アミーゴ！　みたいな感じでタクシーを降りたら、そのあとどこに

いってもそのお金は使えなくて、あとで聞いたら一九九二年まで使われていた旧札で、今は何の価値もなく、紙くず同然とのこと。それを知って僕は一気に時差ボケと酔いからさめたけど、いやな気持ちは続いた。よくそんなお金を崩した分もあわせてもっていたなとも思うけど、まあ仕方ない、僕が百ペソとかもっていたら相手のそんな悪い気持ちを起こさずに済んだのだ。

そこからはじまった二週間のメキシコ。壁画、ルイスバラガン、フリーダカーロとディエゴリベラ、サボテン。色んなものを見て感動したし、行ってよかったとは思うけど、このことがあって全体的にはいい思い出ではなかった。

それでもまた行っちゃった。メキシコにはそういう魅力はある。結論を先に言うと今回は最高だった。メキシコが好きになった。いつもお金は細かく崩して持ち歩いた。前回いった時はサーチャージ含めて一人二十万円くらいかかったけど、今回はペソ安（国境に壁を作るというトランプ政権の影響と言っていました）で、一人九万円で行けた。

しかし地球のほぼ裏側にいくわけで、飛行機で行きは十三時間くらい、帰りは向かい風で燃料も途中で給油しなくてはならず、十六時間かかった。その移動の疲れは相変わらず。今回はメキシコシティには寄らず、そのまま飛行機を二時間乗り継いでチアパス州にあるサンクリストバル・ラ・サスカスという街にいった。ここはコーヒーの産地だ。

すごく楽しみにしていたけど、何しろ移動が十五時間以上あって、待っていたり手続きとかもいれたりと一日移動だったので、とにかく疲れた。メキシコの田舎町は英語が通じないし、色々大変だった。

そしてやっとの思いで宿にたどり着いた。実はこの旅ではメキシコに住んでいる日本人のことを取材する際や、いつかメキシコと何らかの仕事ができる時に、こっちに住んでいる日本人とつながっていることが大切だと思っていたので、滞在の半分を日本人宿にした。いつもの旅なら海外に行ってまで日本人に会わなくてもいいや、と思いもするけど、今回は

そのありがたみを知った。なにしろ一日の移動でもう身体もばてていて、英語は通じないし、着いたのは夜中だしと、ものすごく不安の中、日本人が迎えてくれて、そこで待望のメキシコ初コーヒー、それも地元産のコーヒーを飲んだはずだけど、それよりも宿の人が作ってくれた「おから」にホッとして、そっちのほうが印象に残っていてコーヒーのことはあまり覚

えていない。やっぱり日本人なんですね。

翌日は時差でとにかくふわふわしていた。日本とメキシコの時差は十四時間。それでも街をぶらぶらしようと外に出た。日本人宿は朝食も日本のごはんで、会話ももちろん日本語。でもドアを開けて外に出るとそこはメキシコの古い街。その感覚が不思議だった。メキシコはピザ屋が多く、タコス屋より多い、それほどピザのレベルが高いのかと思って僕も宿の人にすすめられたピザ屋にランチをしにいった。そこで楽しみにしていたメキシコのコーヒーも注文しました。昨日の宿で飲んだコーヒーはあまり覚えていないからはじめてちゃんと意識して飲むメキシコのコーヒー。

ピザ屋とはいえここはメキシコ、コーヒーの採れる国、おいしいに違いない、と思っていたらでてきたのはインスタントコーヒーだった。ビンの中に粉のコーヒーが入っていてお湯のはいったカップがでてきた。僕が「?」って感じで店員をみたら、「まぜて」みたいなしぐさをした。いやいやここはメキシコ、インスタントコーヒーとはいえ日本とは違う、と思って飲んだら日本のものと同じだった。ピザもそれほど僕の好みではなく、コーヒーもピザもきっと時差のせいで感覚が鈍っているんだろうと思おうとしたけど、そうではなかった。なぜならその夜に宿の人におススメしてもらっていったタコス屋は今まで食べたタコスの中で一番おいしかったから。まあ僕はピザが好きで日本でいろんなピザ屋をまわっているからおいしいピザをたくさん食べているし期待が高すぎたのかもしれない。それに比べるとタコスはそこまで食べていないし、なによりもタコスはメキシコが本場なのでその差はあると思います。ひとつのタコスを作るのに、右から皮を作る人（その場でこねて作る）、それを焼く人、そして肉をケバブみたいな感じで切る人、それにあわせてタコスを作る人という完璧な分業がなされていて、その様子がオープンなかたちでみんなから見えて、出来立てが運ばれてくるんです。いやあ、あれはおいしかった。デルタコというお店。

ああ、コーヒーの話だったね。サンクリストバル・ラサスカスで色んなカフェにいった。中でもアモールネグロ（日本語だと「黒い愛」）という新しくできたカフェはとても今っぽいカフェで、メキシコならではという感じではなかったんだけど、コーヒーはメキシコ産のものにこだわっていてとてもおいしかった。メキシコのコーヒーはいつも飲んでいるコーヒーと少し違う気がした。いつものコーヒーとまた別なおいしさでした。深いと一言でいってもちょっと伝わらないかもしれないけど、そんな感じ。まあ、味覚のことを文章で完全に書くのは無理なので、ただ、いつもの日本で飲むコーヒーとはまた違う味わいがあったくらいになってしまうけど。それから日本宿にいた竜司くんという旅人が淹れてくれたコーヒーもとてもおいしかったです。竜司くんは、いつかカフェをやるという目標があり、その勉強で世界中を旅していてもうその宿に長く滞在していた。二、三年以内に巣鴨あたりで店を出したいと具体的に語ってくれて、オープンしたらコーヒーを飲みに行くのが今から楽しみ。

翌日、宿のオーナーのたけし君に頼んで、ついにコーヒーの実を採ってきてもらいました。彼が採ってきてくれたのは真っ赤というよりは赤黒い感じだった。

そしてついに僕は口にしてみた。これこそは今から千年以

COFFEE AND ME

上前の人々と同じ感覚を得ることができると思ってワクワクどきどきでした。宿の人もコーヒーの実を食べたことがなく、またさほど興味もなさそうで、不思議そうに僕を見ていた。そして、初めてコーヒーの実を口にした瞬間………。

何の味もしなかった。

皮ごといったんだけど、おいしくもまずくもなく、何か食べているなという感覚はあるにせよ、少なくともコーヒーの味はまったくしなかった。よくこんなものを何世紀も食べていたなと思うと同時に、そうか、当時の人々はおいしいと思って飲んでいたんじゃなくて、眠くならずに気分爽快になる薬として食べていたんだなということを、身を以て、いや実をもって知りました。

まあ、かといってそれを食べても時差ボケは全然治らなかったけど。

Ⅱ・コーヒーの人たち

朝霞台　ルビー

ｔｖｋ（テレビ神奈川）で「キンシオ」という旅番組をやらせてもらって9年目になる。旅をする僕がいて、プロデューサーの重冨さんがカメラ一台を持ち、金子さんが移動の運転をしてくれて、この三人で旅をしている。

旅のテーマはシリーズごとに違うけれど、基本的にはどこに行こうとその街を歩く。何かあったら何かあるし、何もなくても特に盛り上げずにそのまま見せる正直な番組を目指している。行く地名の決め方はシリーズによって違う。「あいうえお」の地名を順番に行ったり、数字の着く地名行ったり、一文字の地名を行ったり。

もともと僕は昔から自分でそういう旅をしていたので、それを仕事としてやらせてもらえているのはとてもありがたい。駅の名前は知っているけど降りたことのない駅を歩き、そこで何か発見すると本当にうれしくなる。朝霞にある喫茶店「ルビー」は「キンシオ」で偶然見つけた店だ。

朝霞はもともと膝折（ひざおり）と呼ばれていた場所ですが、大きなゴルフ場ができる時にゴルファーにとって膝を折るという地名ではよくないということで朝霞という美しい言葉に取って代わり、それが駅や町の名前に変わった。ここは

「キンシオ」の「からだの名前の地名の旅」で行った。

膝折付近をぶらぶらして、そのあと朝霞に行き、さらにそのあと隣の駅の朝霞台にいった。

朝霞台駅前をぶらぶらして、しばらく街を観て、もう見た気分になったからじゃあまた隣の駅に行こうかと思ったけど、駅の反対口(南口)もちょっと見ようと思って行ってみた。

するとそこにあったのがこの喫茶店「ルビー」だった。いい佇《たたず》まい。勇気をもって撮影交渉、お客さんが多かったので、ダメもとでいったが、若いマスターはＯＫしてくれた。突然の撮影だし常連さんたちに迷惑にかからないように店のはじっこでコーヒー（でもラッキーなことに大好きな窓際！）を注文。カメラをまわす。若いマスターはスリムで体格がいい。

コーヒーを運んで来てくれた時に「うちはネルドリップで淹れてます」と教えてくれた。そして色々話をきいてびっくりした。マスターは半年前までボクサーだったのだ。三十四年やっていた御両親が体調を崩してボクサーをやめ、この店を継ぐ決心をしたそうだ。先代が作ったこのお店を、そしてお客さんを大事にしながら、自分らしさを出していきたい。そう語っていたマスターの淹れた一杯のコーヒーにはそうした思いがこめられている。窓の向こうには東武線の朝霞台駅と武蔵野線が見える。武蔵野線はもともと貨物線として計画され、今も多くの貨物列車が走る。それを見ながら朝霞のルビーのコーヒーを飲んだ。旅ならではのいい気分。街を一通りみて、反対側もちょっと見てみようと思ったらこの発見だった。よかったな。

会津壱番館とメキシコのコーヒー

会津若松にある「会津壱番館」は大好きな喫茶店だ。明治十七年築の黒漆喰の重厚な建物は、かつて会津の英雄で千円札にもなっている医者の野口英世が若い時を過ごした場所。子供時代にやけどで負った傷を手術し、医学のすばらしさに目覚め、医者を目指して書生として住み込みで働いていたのが会津若松のこの場所。会津壱番館のある建物なのです。こちらの喫茶店のご主人は私費を投じてこの二階に野口英世青春館という記念館を作っている。

僕は二〇一七年の夏に行ったのだけど、野口英世については名前と伝記によく出ている人くらいにしか知らなかったので、もうちょっと調べてから行けばよかった。以前は調べてから行く旅はおもしろくないと思いもしたけど、今は（時と気分にもよるけど）調べた方が旅は実りあるものになると思うようになった。

同じ会津若松に行くのでも、野口英世や幕末のことについて調べてから行くのと、ほとんど何も知らないで行くのでは充実度というか感動の度合いが違う。旅をする時はそこがどんなところでどんな人が何をしたのか調べていく方がいいというのが今の僕の結論ではある。まあでも、そうでないこともあるけどね。何も知らずに、そして何も期待しないで行くとすばらしい景色やお店、あるいは人との感動の出会いというのもある。だからなんでもかんでも調べていくというのもそれはそれで疑問ではあるのです。難しいところだね。まあたくさん旅をして、その時の気分で調べたり調べなかったりするのがいいいんじゃないかな。

ただ、調べ方にもよると思う。一般的なガイドブックやネットの情報もそれはそれでいいけど、それとはまた違う情報を自分で見つけたりすることもできれば、その街への理解は深まり、自分なりの考えが持てると思う。今はこれだけの情報化社会だからいい店は一般的な雑誌やサイトでは取材拒否の店以外は取り上げている。穴場のお店とか隠れた名店というのも言葉としてはあるかもしれないけど、もう現代では「隠れた」という文字通りのお店はほとんど存在しないのではないか。それがいいお店であれば特に。大切なことはそういう多くの情報の中から自分なりの感覚で基準を作り、自分なりの五つ星の店をみつけるかだと思う。それは音楽や芸能、そして芸術もそう。読んだ通りではなくて自分の頭と感覚で一回整理して、自分なりの好みとその基準を持つことが大事だと思う。

喫茶店や食事の店で言えば、愛想はないけど、あるいは接

そろそろかみをきろうかな

a cup of coffee

客は悪いけど最高のものを提供するお店と、味は普通だけど店の雰囲気やお店の人はとても居心地がいい場合でどっちがいいかは人によって違うわけだし。

あれ？　なんの話だったっけ？

そうだ、会津壱番館。原稿を読み返してしまった。会津壱番館さんは前から行ってみたかった喫茶店だった。噂には聞いていていつか行ってみたい喫茶店が僕にはいくつかあるけど、そのひとつだった。

「キンシオ」のロケで会津若松に行くことになり、僕は一人で前日にいって、街を歩いた。その時に最初に行ったのが壱番館だった。駅から歩いて十五分ほど。街の周遊バスでも行くことができる。でもまあ僕は歩いて行ける距離ならたいてい歩く。そこまでの街に雰囲気も知ることができるしね。

会津壱番館はその建物の佇まいもさることながら、ちょっとおもしろいことがあった。僕は二〇一七年の五月にメキシコに行った話はさっきしたけど、そこでメキシコのコーヒーを飲んで、そのあと日本に帰ってきて、主に東京だけどメキシコ産のコーヒーは売っていないものなのか、かなり探したけど見当たらなかった。ブラジル、エチオピア、コロンビア、グアテマラは多いんだけど。やっぱりないんだ、と探すのを諦めていたんだけど、なんとここ会津壱番館さんのドアのところに「本日のコーヒー、メキシコ」と書いてあった。東京でなかったのに、なぜ会津若松にあるんだ？

これには理由がある。会津壱番館さんは野口英世ゆかりの建物で喫茶店を営んでいて、上にマスターが作った記念館もある。野口英世は世界中で医者として活躍した人で、メキシコにも数年いたことがあった。他にも中南米で医療にすごく貢献していて、そんな野口英世ゆかりの地のコーヒーを出しているのだそうです。他にもグアテマラ、ブラジルなどいろいろあって、その日はたまたまメキシコだったわけ。でもそれもすごい縁だよね。僕はずっと探して諦めていたんだ。諦めかけたのではなく、諦めたの。いやあ、それでもう僕は会津壱番館さんのとりこです。

店に入って僕は窓際に座った。喫茶店はやっぱり窓際が好き。その場所から見える街の風景を見たい。窓の外にはこれまた昭和チックなボーリング場が見える。本当にタイムスリップしたみたいで、そして窓の外のその景色からまたこの喫茶店を見ると、それはそれで明治時代にタイムスリップするのだろう。喫茶店というのは異次元に連れて行ってくれる。僕は結構長くいたので色んなお客さんを見たけど、常連の人はみんな奥やカウンターや自分のお気に入りの席があるみたい。

その日はメキシコのコーヒーを飲んでそれから街をぶらぶらした。僕は高校生の時に会津若松で野宿をしている。それが僕にとっての初めての野宿でとても怖かったのを覚えている。その記憶を辿《たど》ろうと思ったけれど、街並はまったく覚えていなかった。歩けば思い出すかな、とも思ったけれどまったく思い出さなかった。三十年も前のことなので記憶が薄れたというのもあるだろうけど、街も変わったんだと思う。

翌日は「キンシオ」のロケ日。僕は宿で朝ご飯を食べずに会津壱番館にモーニングを食べにいった。プロデューサーのトミーとアシスタントプロデューサーのかねぴーは別の取材で近くにいたので（だから会津でロケをしたんだけど）、僕の泊まっている宿で十一時に待ち合わせだったんだけど、会津壱番館に直接来てもらった。僕がモーニングを食べている間にマスターに話をして、このお店でモーニングを食べているところをカメラを回す許可をもらった。やっぱり前日も一人でコーヒーを飲みにいったのがよかったんだと思う。快く許可してくれた。それだけでなく、会津若松の話もいっぱいしてくれた。僕はこの喫茶店の色んなところが好きになりましたが、中でもコーヒーカップやペーパーナプキンに描かれているイラストに特に眼を惹かれた。細いインクで描かれた野口英世のイラストがすばらしく、マグカップにも同じ絵が

描かれている。

その人のことを全然知らなかったので、マスターに尋ねると、横田新（よこたあらた）さんという絵描きさんだということがわかった。僕は絵描きとして、有名な美術家よりも一番影響を受けているのは旅先の店の看板や喫茶店のマッチのイラストだ。長岡の郭公をはじめ、松本のデリー、僕は大きな影響を受けた。そしてここにもまた知らなかった偉人を見つけた。横田新さんは大正十四年に福島の伊達郡に生まれ、福島の新聞社、「福島民報社」の記者で、若松支社長もつとめており、作品には会津の愛が溢れている。それもやわらかいタッチで表現されていてその力の抜け具合がすばらしい。

マスターに近くに小さな美術館があると教えてもらい、行った。また同じく会津若松にある「えびや」という老舗のうなぎやさんでも絵がたくさん飾られていて、箸袋も横田画伯の絵で全四種類あります。僕はトミーとかねぴーと行ったので二人の箸袋ももらい、全部で三つもっている。あとひとつで全部そろう。だからまた会津に行くんだ。あと一種類の箸袋をもらいに行きに、そして会津壱番館にコーヒーを飲みに。

追記

この原稿は吉祥寺の喫茶店「くぐつ草」で書いている。ここはよく打ち合せに使うところだ。いつもうすめのコーヒーを頼む。原稿を色々書いていて、もう一杯飲もうと思い、今度は何か違うコーヒーにしようかと分厚いメニューを見てみると、何とここにもメキシコのコーヒーがあるではないか。メキシコから帰って東京や関東や色んな喫茶店や豆を売る店で探してもなくて、会津若松で見つけて感動していたら、吉祥寺の、それも僕がいつも来る店にあったとは。

寝台列車と缶コーヒー

（とは言っても缶コーヒーが出てくるのは最後の三行目です）

山陰に行ってきた。鳥取は何年か前に行ったけど、松江は本当に久しぶり。前にいったのは十年以上前で、それも松江には泊まらず、駅のまわりを少し歩き、そのまま一畑電鉄で出雲大社に行ったから松江を充分に知ったとは言えない。今回は松江をたくさん歩き回ろうと楽しみだった。

そしてもうひとつテンションの高くなることがあった。寝台特急の「サンライズ出雲」に乗ることだった。僕は貧乏旅行の時代に、夜汽車には何度も乗ったことはあるけれどそれは、新宿発上諏訪行きにしろ、東京発大垣行きにしろ、そして北海道の特急の夜行にしろ、すべて椅子のまま寝るやつで、座席がベッドになっている寝台特急はずっと憧れだった。タイでは寝台列車に乗ったこともあるんだけどね。

この旅も「キンシオ」のロケで鳥取の米子集合だった。東京から米子まで行く場合、飛行機で米子空港まで行くのと、寝台列車のサンライズ出雲で行くのでは、少しサンライズ出雲のほうが安い。だから、それで行くことにしました。チケットがすぐなくなる人気列車で、個室のシングルという切符が取れた。もうその日が近づくに連れ、わくわくした。

当日、二十二時東京発、出雲市行きの寝台列車サンライズ出雲。米子着は九時十五分着の予定。列車が入線するとみんなが写真を撮る。サンライズ出雲が向かう出雲市は出雲大社のあるところ。出雲大社は縁結びの神様らしく、サンライズ

には女性の客が多いと書いてあって、たしかにそうかもしれないけど、男性だって縁結びの神様にお参りするんじゃないのかな。まあそんなことを考えながら、わくわくして寝台列車に乗りました。とてもきれいな車内でした。

僕の泊まるシングルという部屋のワンランク上に「シングルデラックス」という少し広い部屋もあるんだけど売り切れていた。そちらはビジネスホテルみたいな感じで僕のほうはカプセルホテルみたいな感じかな。上段と下段があって僕は上段でした。そっちのほうがラッキーな気がします。

部屋に入って部屋着というかGパンからスエットパンツに着替えようと思ったけど、新橋や品川、そして横浜という大きな駅を通る時、ホームには通勤帰りの人たちがたくさん立っていて、僕のことも丸見えなんで、さすがに下着一枚にはなれないし、なんか、こうして横になってくつろいでいる姿も少し恥ずかしかった。でもよく考えたらブラインドがあってそれをおろせばよかった。僕は非日常的な寝台列車の世界で、ホームに立っている人は日常の通勤の帰りで、なんか不思議な感じがした。

寝台列車で窓の外を見ていると色んなことを思い出した。今から一人で部屋にこもって十時間いるわけだ。自分自身との対話にはいい機会。昔と比べて何が変わったかというと、もちろん色々あるけど、自分との対話の時間が少なくなったと思う。まあ、それでも僕はあるほうかもしれないけど昔に比べると減った。そんな感じで色んなことを思い出した。今は贅沢に寝台列車で横になりながら夜の風景を見ているけど、昔も窓の外の夜の風景を見ながら列車に乗っていた。その風景を見ながらめぐらせた想いというのは鈍行列車であろうが寝台列車であろうが変わらない。色んな景色やたまに通る繁華街、それから民家やマンションの明かりを見ながら、そこに生きる色んな人生を想像した。その感覚は今ももっているけど、こうして夜汽車に乗って考えることは本当に久しぶりだった。空に見える大きな月がまるで僕の乗っている列車を追いかけるようについてくる感覚とか、すごく懐かしかった。

結局夜はそんなこと考えていたら眠くなって、いつの間にか眠ってしまったんだと思う。夢をたくさん見た。一度目が覚めた時は大阪駅で、気がついたら列車は泊まっていた。そのあとまた眠り、目が覚めたのは朝の六時頃で外は一面の霧だった。

ああ、この風景、朝もやの中を列車がいくのもよく見たな、と思い出していると車内アナウンスが入り、実はこのサンライズ出雲、今日は五十分遅れているそうで、米子到着は十時過ぎだとのこと。そして「米子までお急ぎの方は岡山で『特急やくも』にお乗り換えしてください」とアナウンスが入った。まだ寝ぼけていたんだけど、なんか聞き逃してはいけないことは感じ取った。僕はトミーたちと到着時刻の九時五分に駅で待ち合わせている。車掌に「やくも」ならどれくらい早いのか聞きに行こうと部屋を出た。車掌がどこにいるかわからない。イメージでは一番後ろの車両にいそうでそこまで行ってみた。その時初めて部屋の外にでたけど、サンライズ出雲はラウンジや自動販売、それから部屋も色んなバリエーションがあった。一番後ろの車両には結局車掌室がなく途中にそれらしきものもあってノックしたけど反応はなかった。

ラウンジでしばらく待っていると車掌さんが来て、聞いてみたら「やくも」に乗り換えたら米子駅に九時十五分着で、

サンライズ出雲に乗り続けたら十時着らしい。岡山駅で「やくも」に乗り換えることにした。

　岡山駅では出雲方面に行く「サンライズ出雲」と高松方面にすすむ「サンライズ瀬戸」との切り離し作業が行われる。列車を降りるとみんながそこに集まって写真を撮っていた。僕もすごく惹かれたが時間がないので携帯で一枚だけとって二番線の「やくも」に乗りかえた。僕と同じようにサンライズ出雲から乗り換えた人が多くて自由席は満員だった。

やくもは中国山地を突き抜ける。高梁川（たかはしがわ）の右側を沿うように米子に向かう。これは左側に座るべきだったな。でも大山（だいせん）は右側なんだよね。迷うところです。サンライズ出雲より着くのが五十分早いとはいえ、岡山から米子まで二時間。各駅で行けば四時間。こう考えると日本は広い。

やがて米子が近づき、右側にひときわ目立つ山が見える。大山だ。車内アナウンスで大山の説明をしてくれる。別名伯耆富士（ほうきふじ）。

そして九時十五分に米子駅に到着。さあ、今からロケだ。

トミーたちにここで待ち合わせするのもおもしろいな。まだ目が覚めていない僕は目を覚ますために駅の自販機で缶コーヒーを買い、それを一気に飲んで改札に向かった。ゲゲゲの鬼太郎の自販機だった。

青森　マロン

マロンは青森市内にあるお店で青森に行って時間があると必ず立ち寄る。

二階に壁に大きく「COFFEE マロン」とかいてある文字が何かサイケっぽくて素敵だ。中に入ると古時計と鉄道ものに埋め尽くされている。寒い青森の街と暖かいこの空間が別世界のように思える。マロンのように古時計がたくさんかけてある店は多い。西荻窪の物豆奇（ものずき）、新潟の石打にある邪宗門、浅草にもあった。これはどこが発祥なんだろう？喫茶店は知れば知るほど奥が深い。何かの映画か絵本に出ていたのだろうか？　以前調べてみたことがあるがわからなかった。それをつきとめるのはこれからの僕の宿題のひとつだ。

ただ、マロンの窓際の席に座り、窓から青森の街をしばらく眺め、そして店内に眼を移し、たくさんの古時計、それもすべて時刻の違う古時計を見ていると、自分が今、どこにいて、今が何時なのかわからなくなってくる。

異次元。喫茶店にはもともとそういう性格がある。どんな日常でも、喫茶店のドアをカランコロンと開ければ、そこは非日常の世界。そこに古時計がたくさんかかった喫茶店ならその「異次元感」はますます大きくなる。僕はそんなことを思いながらマロンの店内を見ると、そこには店の常連さんが、それぞれ自分がいつも座るところ（なんだと思う）でトースト食べたりコーヒー飲んだり新聞読んだりしている。その人たちには非日常ではなく、マロンは日常なんだね。喫茶店はそのへんがおもしろい。

そんな時、となりのカップルからこんな会話が聞こえた。

男「俺、このロマンって言う店が好きでさー」
女「へー、いいお店だね」

男が調子にのっていたので、僕は「あのー、ロマンじゃなくてマロンですけど」って言いに行きたかったけど、実は彼は本当の常連でわざとそう呼んでいるのかもしれないなと思うと、ますます喫茶店の世界が深く感じた。

鹿児島　可否館

「キンシオ」のロケで行ったお店でそのあと足しげく通うようになったお店に、鹿児島の「可否館」がある。僕は鹿児島に行くことが多く、可否館は前から行ってみたいお店だった。しかし色んな情報からお店のコーヒーに対するこだわりを聞いていたので、自分で敷居を勝手に上げてしまい、アポなしでロケをするのは難しいだろうなと思っていた。

でも、せっかく鹿児島に来たんだからと、ロケの時にダメもとで行ってみることにした。可否館は鹿児島市内から少し離れたところにある。「可否館」と染め抜きで書かれた暖簾をくぐり、緊張しながら撮影の交渉をすると、マスターは穏やかな笑顔で「いいですよ」と言ってくれた。

マスターのおススメは「イブラヒムモカ」で、飲んでいくと三口目から味が変わるといった。本当？　と半信半疑で飲みすすめていくと三口目で口の中で何かが広がるのだ。あれは不思議だった。

店内は民芸品が趣味よく配置されている。僕の個人的な喫茶店の分類で、レトロ系、山小屋系、ゴージャス系、など色々あるんだけど、このお店は民芸系喫茶店に入る。盛岡の光原社、松本のまるも、趣味のいい喫茶店はどこか似ているなと思っていたものの、それからさらにその領域に入っていくことはしばらくなかった。しかしこの鹿児島の可否館に通うようになって、民芸の世界により興味を持つようになった。僕の場合、気がついたらその世界に興味がむいていることが多いのだけど、それまでに何度かステップを踏んで、何気なく好きでいて、3回目くらいに、「この世界は何なんだ?」とハマっている自分がいる。きっと読者のみなさんにもそれぞれの世界でそんなことってあるんじゃないでしょうか? 一度ではまあまあくらいに思っていて、二度、三度と知っていくうちに、気がついたらその世界にハマっているというか、より知ろうと思うようになるという感覚を。

民芸と喫茶店はなぜこうも相性がいいのだろう？　それはよくわからない。日本独自のものならお茶でもよさそうなものなんだけど、コーヒーが合う。なぜだろう？　わかりそうな気もするがもう少し考えていつか結論を出したい。

可否館のお店のロゴや絵は型染め作家の柚木沙弥郎（ゆのきさみろう）さん。僕は柚木さんの存在も可否館のマスターに教えてもらい、全国の民芸作家や地元の作家を色々知りたいと思うようになった。

可否館のコーヒーは本当においしい。温度がいい。すっと飲めて、本当においしいと思いました。今も飲みたいです。僕が温度のことをマスターに言うと、マスターは、実は温度のことは相当こだわっているけれど、そのことを指摘したのはシオタニさんが初めてかも知れないといってくれて、また僕も凄く喜んじゃって、もう本当に大好きになりました。

マスターの永田さんは、元々鹿児島の繁華街、天文館で同じ名前の喫茶店をやっていたけど、焙煎で火事を出して迷惑をかけてはいけないと、そのお店を人に譲り、わざと離れたところにお店を出したんだそう。すごいプロ意識だ。可否館は鹿児島中央駅から歩いて行くには遠い。僕はいつもタクシーで行く。

まわりには何があるわけでもない。それでも僕は時間があればこのお店に行く。ここで一杯のコーヒーを飲むために。

稚内　挽香

北海道の最北の街、稚内には「挽香（ばんか）」という昔ながらの喫茶店がある。僕は挽香に学生のころから行っていたが、「キンシオ」のロケでも突然行った。この時は「あいうえおの旅」というシリーズをやっていて「わ」で稚内だった。「あ」は名古屋の近くにある「熱田」、「い」は「伊勢佐木町」、「う」は「浦和」という具合に五十音の地名をまわっていく最後から二番目の「わ」の地名。「わ」のあとの「を」はなくて、「ん」が最後の地名なのだが、僕は日本で「ん」で始まる地名を知っていた。沖縄県、竹富島に「ンブフル」という丘があるのだ。ここは以前、雑誌の仕事で行って感動した。アフリカとかならわかるけど、日本で「ン」からはじまる地名があるとは。「ンブフル」とは牛の鳴き声のことだそうだ。その沖縄のフィナーレの一周前の旅が最北端の稚内なんて、すばらしいではないかと思って稚内に行ったのだ。

稚内は僕にとっては縁の深い街だ。中学時代に旅を始めて、高校時代になってさらに色んな街にいったが、目指す場所はいつも最北の地、稚内だった。最北の街、国境の街、その響きだけで僕のロマンはかきてられた。

それが叶ったのは十八歳、大学一年の夏休みだった。家を

切り株でコーヒー

朝早く出て各駅停車を乗りついで、一日目は八戸で列車が終り、駅前のバス停で野宿をした。次の日朝一番の始発でさらに北を目指す。青函トンネルを抜けて北海道。そもそも北海道に来たのもこの時が初めてだった。トンネルを出た瞬間に雄大な風景が広がり、「これが北海道か！」と感動した。そうして、函館、札幌、旭川と旅をしながら、稚内に着いたのは東京を出てから1週間後だった。

この時は最初の北海道で行く街すべてが新鮮で、ゆっくり北を目指したけれど、僕のヒッチハイクと鈍行列車の旅では稚内に行くまでどんなに早くても四日はかかった。僕はこの大学一年の時に初めて稚内に行って以来、毎年夏には稚内を訪れた。そこで友人になった旅仲間もいる。なじみの喫茶店もできた、それが挽香だった。ここは稚内で知り合った写真家の工藤裕之君に連れて行ってもらった。その店の常連だった歯医者の先生の家に泊めてもらったこともある。思い出がいっぱいある店だ。マスターは、口は悪いが心の温かい人だ。

「キンシオ」のロケで稚内に行くことになった時、久しぶりに挽香に行ってみようと思った。仕事なので飛行機で行った。羽田を出てから稚内まで一時間半。一週間でここまで来ていた二十年以上前の僕からしてみたら信じられない。どこでもドアみたいだと思った。

そうして、わくわくドキドキしながら挽香にいった。休みならそれでもいい。でもラッキーなことにお店はやっていた。急にドキドキしてきた。最後に来たのはもう十年も前だ。果たしてマスターは僕を覚えてくれているのだろうか？　カメラは音声だけを収録して、僕一人で撮影許可の交渉に行く。

緊張しながら挽香のドアをあけると、マスターは「いらっしゃい」と一言。まったく気づいている様子はない。そして、僕はこういった。

「あのー。僕、何年も前に写真家の工藤君とよく来ていた、絵描きのシオタニです」

するとマスターは、「ああ」と思い出したという顔をして大きな声で一言。

「おめえ、老けたな!!」

最初の一言がそれで、カメラもまわっている中、なんだか恥ずかしかったけど、それよりも相変わらずのマスターがうれしかった。

そりゃあそうだよ！　十年以上前だもの。そして、久しぶりの再会でコーヒーを飲みながらマスターと話した。旅先で知っている人に会うのは旅の醍醐味の一つだ。それをテレビカメラとともに仕事で来られることにもありがたいと思った。マスターもあの時の夢ばかり見ていた絵描きがこうやって来ているのを喜んでくれていた。

でもマスターはまったくかわらなかった。頭が少し白くなったかな。でも口の悪さも、心の温かさも、鍋焼きうどんのおいしさも。

打ち解けた会話の中で、マスターはさらに一言、

「それにしても、おめえ老けたな」

二杯目のコーヒーは少し苦い気がした。

追記

この旅は今から五年前の二〇一三年の時で、この本が出た

ら稚内に行って挽香のマスターに本を届けに行くつもりだったんだけど、編集の人が調べてくれたらしくこう言った。

「挽香のマスターは最近お亡くなりになったみたいですね」

信じられなかった。その日工藤君に確認したら三年前から体調を壊して入退院を繰り返し、二〇一七年の九月にお亡くなりになったそうです。マスターにこの本を渡して、「またおめえは俺が口が悪いとか書きやがって」って笑いながら怒られるのを想像していたのであまりの突然の知らせに言葉を失った。たぶんそのことを知っていたら今の文章もまた違うものになっていただろうけど、あえてそのまま載せました。

挽香のマスター、近江さんのご冥福をお祈り申し上げます。

Ⅲ・コーヒーの出会い

「デリー」と「まるも」と夜行列車

二〇一七年の十月からモノマガジンで商店街や街の観光案内所に置いてあるようなイラストマップを紹介する「素晴らしき絵地図の世界」という連載をさせてもらっている。僕は地図が大好きだ。地図の歴史は文字よりも古いと言われていてMａｐの語源は布で、布を広げたのがＭＡＰ。モップも同じ語源だそうだ。ある時は水の湧いている場所、それからある時は敵と戦う時の地図など色々なことに使われたことだろう。今では携帯の地図が指先一つで正確にどこにでも案内してくれるから絵地図のようなラフな地図は必要ないのかもしれない。でもだからこそ、逆に僕はそういう絵地図を集めたくなった。また、僕は仕事でよく街の絵地図を描く。絵地図は街の描き方に結構工夫がいる。建物の向きや、名物など、一枚の紙にバランスよく見せなければいけない。僕は色んな街の絵地図を見てみたくなった。手描きの絵地図は昔、旅先でよく見かけたが、今は前より減った気もする。デジタルソフトの進化で、地図もより正確で分かりやすいものになってきた。ただ一方で、商店街を元気づけたい、街の魅力をアピールしたいと、商店街の絵地図を新しく作っているところもある。何かおもしろい動きになるかもしれない。まあ、理由は色々あるにしろ、一番の理由は僕が素敵な絵地図を色々見てみたいのだ。そんな思いをモノマガジン編集部の小野さんに打ち明けると連載させてもらえることになった。

その連載第二回目で長野県松本市にある、「中町通り」のイラストマップを取り上げた。松本は国宝松本城に代表される四百年の歴史がある城下町で、見どころがいっぱいある街で僕は大好きだ。とくにこの中町通りはその面影を今に残している。これには理由があり、変わりゆく街並を守ったとも言える人たちがいるのだ。民芸の父と言われる柳宗悦(やなぎむねよし)の民芸運動に共感し、松本の街並を大切にして

KUMO NI
NOTTEIRU TO
SOUZOU
SHITEMIRU

きたのが、松本民芸家具の池田三四郎さんであり、ちきりや工芸店の丸山太郎さんであり、そして染色作家の三代澤本寿（みよさわもとじゅ）さんだ。このお三方はみな中町通りにゆかりのある店がある。三代澤本寿さんは息子さんがデリーというカレー屋をやっていて、店のマッチも三代澤さんの作品で、店内には作品が飾られている。そしてこのデリーはカレー屋でありながら明治時代の重厚な建物のお店だ。

僕は松本によく行ったものだ。以前ほどではないが今も行く。

ＪＲ（昔は国鉄だったけど）は学生の休みの時期になると「青春18きっぷ」というフリー切符を出す。一日普通列車乗り放題。一日というのは夜中の零時から夜中の二三時五九分までのことで、当時、一日あたり二千円で乗れた。今でも二千三百円とかだと思う。当時僕は中央線の武蔵小金井に住んでいて、朝四時台の始発に乗って中央線（中央本線）を高尾、甲府と乗り継いで行けば九時ごろ松本に着くことができて、そして一九時に松本を出れば武蔵小金井にその日の夜中に帰ることができる。つまり片道千円で松本に行き、向こうに十時間いることができるのだ。それから僕が学生のころはさらにすごい行き方もあった。新宿発の普通夜行列車上諏訪行きで、新宿を零時一分に出発と、まさに青春18きっぷのためにあるような列車だった。だから武蔵小金井から新宿までその日のうちに二百円（当時）で切符を買って時間をつぶし、日付がわかってその列車で旅が始まった。

　その列車はのんびりしていて、途中の大月駅で三十分、甲府駅では一時間近く停車する。フリー切符だからそんな時は駅を降りてちょっと散歩した。大月は夜中の一時半、甲府は夜中の三時。そんな時間に知らない街を散歩するのは高校生の僕には刺激的だった。もうだいぶ前のことなので告白しますが、甲府では駅前にある大きな武田信玄公の銅像に上り、膝に座って夜の甲府の街を眺めたりもした。ごめんなさい。そうして発車までに駅に戻り、電車に乗って旅を続ける。小淵沢でも二十分くらい停まり、ここでは登山客にまじって夜

COFFEE

中もやっているホームの立ち食いそばを食べた。そして電車に戻って眠くなってきたと思ったら、終点の上諏訪に五時五七分に着く。眠かった。当時、上諏訪には温泉の出る水道みたいなのがホームにあってそれで顔を洗って眠気をさました。そして松本行きに乗り換え、左に眩しい諏訪湖を眺めながら朝の七時前に松本に着いた。

高校生の時の僕はとにかくお金がなかったので、当時六百円のカレーや四百円のコーヒーのお金も高いと思った。今から考えればそれらの値段は決して高いわけではなかったけど、百五十円のチェーン店のコーヒー、百八十円の立ち食いそばがあったりすると、僕はそっちのほうでお腹はいっぱいにして、街並を求めて歩き回ってばかりいた。僕が勇気を出してそういう旅先の喫茶店で一杯四百円のコーヒーを飲めるようになったのは大学生のころからで、それもたまにだ。僕の心の国会で議論をつくして財務省（財布）と相談してからで結局その相談の結果、行かないことになることが多かった。

学生時代を終えてからたまにだけど、勇気を持って旅先の喫茶店に入ってみるようになった。ここに来てまでケチってどうする、というふうに思えるようになったのだ。今では僕も大人になり、そういうお店に迷いなく入れる自分に感謝もしています（いや、迷う時もあるかな）。

松本の中町通りの「デリー」や「まるも」はそんなお店で、

高校時代からずっと外観から中の様子だけうかがって入れなかったお店だった。そしてやっと大人になってから行けるようになった。どちらのお店も蔵造りの松本らしいお店だ。デリーは中町通り沿いに、まるもは一つ入った女鳥羽川（めとばがわ）を沿いにある。デリーのカレーは優しい味で、カニクリームコロッケは絶品だった。直接聞いたことはないが、デリーは三代澤本寿さんの息子さんがカレー好きのお父さんのために開いたと街の人に聞いたことがある。とても温かい話だと思った。

まるもは宿屋もやっている。創業は江戸時代、今の建物も明治二十一年。その歴史にもかかわらず気軽に泊まれる街の宿屋さんという感じで、僕も泊まったことがある。窓から見える路地の佇まいが旅をしているんだなと実感させてくれる。宿屋のとなりが喫茶店になっていてここもすばらしい。僕はデリーでカレーを食べて、中町通りを歩いてまるもでコーヒーを飲んでケーキを食べ、地元の新聞を読み、店を出て、向かいの女鳥羽川を眺める一連の流れが大好き。それだけで観光コースにしたいくらい。デリーからまるもまで、距離にしたら三百メートルくらいだけど、それだけで半日はすごせると思う。

僕はモノマガジンの連載でそんな松本、中町通りのイラストマップを取り上げた。原稿を書き終えたあと、店の情報な

どの確認をしようと思って調べたら、なんとデリーは二〇一七年の七月で四十七年の歴史に幕を閉じたということがわかった。ご主人の体調不良というこどだった。僕が行ったのは同じ年の二月で奥さんとは少し話したけど、まさかその五ヶ月後に閉店するとは思ってもいなかった。何度かしか行ったことはないけど僕にとっては本当に特別なお店だった。ご主人が体調を回復されることを願っています。できることならもう一度、カレーとカニクリームコロッケが食べたいです。デリーのマッチは僕の机のいつも見えるところに置いてある。

かうひいや3番地

松本のデリーが閉店の話をきいてから数日後、友人でサイレントコメディーデュオ、が〜まるちょばの赤いモヒカンのケッチ！からメールが来て、「さんばんちが10／9で閉店で松本に引っ越すって」とのこと。

さんばんちとは吉祥寺、中道通りにある喫茶店「かうひいや3番地」のこと。僕が二十年前くらいに中道通りの真ん中あたりにあって、向いが僕の友達の事務所だったのでよく遊びに行き、3番地にもよく行った。チョコレートケーキがおいしくて、コーヒーはいつもアメリカン（ノワール）にすればいいのか、マイルドにすればいいのか迷った。その後、3番地は閉店して鎌倉に移ったけど、四年くらいしてまた吉祥寺に帰ってきた。場所は同じ中道通りだけど、今回はだいぶ奥に行ったところ。僕は3番地が帰ってきたことがうれしくてよく行った。移転する前よりも通ったかもしれない。今度のお店は前が寿司屋だったらしく、その雰囲気の中に3番地の雰囲気が合わさってこれまたすごくいい空間だった。マスターの安藤さんは無口というよりも、お店に来た人に自分だけの時間と空間を提供しようと無駄なことをあえて話さない人で、それは常連のお客さんにもそうだった気がする。他にお客さんがいない時は僕も遠慮しないでよく喋った。店内はミシンの机を安藤さん自身がリメイクしたテーブルとジャズのアナログレコード、それから本の数々。前のお店もそうだったけど吉祥寺なのに旅先にきたのかな、と思うような独特の雰囲気があった。

閉店することを聞いて、三日したあと、中道通りで安藤さんと偶然会った。「松本に行くことを聞きました、松本のどのへんですか」と聞くと、なんと僕の好きな中町通りとのこと。僕がデリーの閉店のことを熱く語ると「そのお店は知らないけど、松本が好きでね」と言っていた。

3番地が吉祥寺からなくなるのは寂しいけど、松本の3番地に行くのが楽しみにもなった。青春18きっぷの時期になったら久しぶりに朝一番の列車に乗って3番地に行き、「中道（なかみち）から中町（なかまち）」に移動ですね、とくだらないことを言って安藤さんを苦笑いさせにいってこようと思う。

心の国会での議事録より

A　「ここの旅先の喫茶店に入って珈琲を飲みたいのですが」

B　「だめだ、一杯四百円くらいするだろう、高すぎる。ミスドに行けば二百円台で飲めるだろう。それもおかわりもできる。」

A　「でもここの喫茶店はここにしかないお店でミスドは全国にあるから同じなのだと思いますけど」

B　「いいや、お店は同じだけど客は違う。本当の地元の人はこういうお店に来る。君の旅はその街や街に住んでいる人を見たいということなのだから、そここそ行くべきだ」

A「そういう感じで押し切られて、いつも行かなくて外観だけ見て中はどんな感じなんだろう？　とそのあとの人生ずっと引きずるのです。」

B「それが君の後の人生の力になる。いつか次々行くがよい。しかし今はだめだ」

議長「ではそろそろ採決を行いたいと思います。このお店に入るべきかどうか、お店に入るべきだと思う人、ご起立願います。起立少数、よって本案は否決されました」

喫茶ルーエ

吉祥寺のメインストリートともいえるアーケード「サンロード」にある本屋さん「ブックスルーエ」とは長い付き合いになる。僕がまだ井の頭公園で毎日（毎日ですよ！）ポストカードを売っていたころに本屋さんのブックカバーにイラストを使いたいと連絡をくれた。一九九九年のことです。

僕は喫茶店のマッチや看板に憧れていたから、お店のシンボルになるような絵を描かせてもらえるのはとてもありがたい。僕のイラストの入ったカバーや袋を多くの人が毎日色んなところにもっていってくれる。僕は色んな媒体に絵を描きたい、僕のことを知らない人に「何だ、この絵?」って思ってもらいたい。いや、岡本太郎の絵みたいに、「何だ、こりゃ!」みたいな驚きとかじゃないにしても、「この絵描いたの、誰かな?」くらいに思ってもらいたいの。

ブックカバーは多くの人がつけたまま本を読むし、ビニールも違う使い方もできる。もう誰が言ったか忘れてしまったが、その人がアルゼンチンの日本人宿に行ったら本棚にこのブックカバーがまかれた本が置いてあったと聞いて感動したことがある。それから、これは自分で見たことがあるけれど、ある街の商店街の朝にゴミを拾う集まりで、そのうち一人が拾ったゴミを僕のイラストの入ったルーエの黄色い袋にせっせと入れていた時はびっくりしたけど何かうれしくもあった。

そんなブックスルーエも平成三年（一九九一）までの三十年間は喫茶店だった。その名も「喫茶ルーエ」。僕が持っているサンロードの古い地図には今のブックスルーエのところが「喫茶ルーエ」になっている。そのお店が閉店するころ、僕は大学生だったのだから覚えているはずなのにまったく印象がない。ルーエのＨＰで喫茶ルーエのころの写真が載っているが素晴らしい喫茶店だ。今はないのが惜しいくらい。まあ、でも喫茶店のままだったらブックカバーとかやらせてもらえなかったから、本屋さんになってくれたことは僕にとってはありがたいことなんですけど。

で、ルーエにたまに行くと、昔喫茶店をやっていた社長のお母さんがコーヒーを出してくれる。このコーヒーがおいしい。聞いたら、喫茶店をやっていたころに卸してもらっていた豆とは違うようだけど、長年喫茶店をやっていた人が選び、そして淹れたコーヒーなので、僕はそのコーヒーをルーエの事務所で飲みながら、喫茶ルーエのころを想像してみたりするのです。

食後のコーヒー

ランチとかを食べる時に、コーヒーをつけると、「コーヒーはいつお持ちしますか？」と聞かれる。

「食後で」と答える時が多いけど、本当は食後じゃなくて食べている途中に欲しい。カレーの辛さやナポリタンの甘辛さをコーヒーの苦さで中和するのが大好き。でも始めからコーヒーがあるのもちょっと違う。食べ始めて、二、三口してから持ってきて欲しいのだ。でもそんな「食べ始めて二、三口してから持ってきてください」のようなピンポイントの注文をすると面倒くさい人と思われるのも知っているので、普通に「食後で」答えることが多い。それをこないだ友達に話したら、友達は全然理解できないみたいで、だったら「食事と一緒に持ってきて」と答えて、自分で二、三口食べてからコーヒーを飲めばいいじゃん」と言われたが、それも違うんだ。それだとコーヒーが冷めてしまうんだ。だからコーヒーは食前か食後はだけではなくて、「食中」もあればなあと思うんだ。

長岡の喫茶店の話

僕は今から佐渡に行ってきます。ヒッチハイクと鈍行列車の旅が中心の僕には沖縄と佐渡、そして海外は簡単に行くことができず、いつか仕事で来られるようになりたいと思っていた場所だった。沖縄と海外は比較的早く仕事で行くことができたけど、佐渡はずっと行く機会がなくて僕の人生の宿題の場所だった。

そして今回「キンシオ」のロケで行くことができた。「からだの名前の地名」シリーズで佐渡に「背合（せなごう）」

というバス停があったのだ。

プロデューサーの重冨さんたちとは新潟で待ち合わせ、僕は新幹線で早めに新潟に到着してバスセンターのカレーでも食べることにしようと思う。

新幹線のＭａｘときは二階建て車両で風景がよく見えて、武蔵野台地の端が荒川まで続くのがよくわかる。よく知っている街を通ると、ああ、あの喫茶店はだいたいあの辺だな、と確認してその時の思い出がよみがえる。

西日暮里では、活動弁士の坂本頼光君に連れて行ってもらった「フィレンツエ」。ここは絵本にメニューが書き込まれていておもしろかった。大宮では二十四時間やっている喫茶店「伯爵邸」。マスターが気前よくてナポリタンとかパフェとかをどんどん持ってきて本当にお腹いっぱいになった。高崎は何と言っても「コンパル」。通りを見下ろす二階にある喫茶店、時折出てくるマスターの上州弁が聞きたくて通ってしまう。

次々と見える風景にそんなことを思い出していると新幹線は長岡についた。長岡は新潟県で二番目に大きな街。ここには「郭公（かっこう）」という喫茶店がある。実は郭公は二〇一七年の十一月に閉店したと人に聞いた。ママからそのうちお店をやめて実家の佐渡に帰ってのんびりすると聞いていたんだけど、本当に閉店しちゃったんだね。僕も今から佐渡に行くところ。でもママの連絡先もわからないし、佐渡は広いから会えないだろうな。郭公はとても思い出に残っているお店なので、ちょっとその話をしたい。

僕は冬になるとよく新潟に雪を見に行く。雪は東京も降るけど、一月、二月の豪雪地帯は雪が二メートルも積もる。新潟市内まで出ると雪はそれほど積もらないけど、途中の三国山脈付近、越後湯沢、十日町あたりはすごい。

今から二十年近く前の冬の日、僕は朝五時半の吉祥寺を出た。途中、高崎駅と水上駅で乗り換えて昼前には長岡駅に着く。東京ではまったく降っていない地面が、いつから雪景色になるのだろう、それを確かめるのも好きだった。青春18きっ

湯気描いた方が
いいかな?、

ぷは各駅停車なので、駅ごとに雪を確認して「まだ」とか思い、群馬県の「上牧（かみもく）」という駅から雪がちらほら見え始めた日のことを今でも覚えている。僕がよくやっていた「雪見ツアー」は青春18きっぷの日帰りの制約があり、街でありながら雪が一番積もるのが長岡なので、現地に二時間くらい滞在して、十四時前には帰りの電車に乗り、夜には吉祥寺に着いた。この時僕は五冊目の作品集『無気力爆発』の出版が決まっていた。僕は絵描きだけど、同じことをずっとやることはできない主義なので毎回絵の手法を変えていた。今度の『無気力爆発』は版画でやってみようと吉祥寺のユザワヤで彫刻刀と版木をたくさん買い、部屋が木屑だらけになるくらい、毎日版画を制作していた。頭の中では版画のことばかり考えていたが、テレビのニュースで「明日は、越後地方は大雪が降るでしょう」という天気予報を知り、朝から新潟に向けて出発したのだ。

ところが水上駅に着いた九時前後に「雪のため長岡方面の列車は運休」との情報が。

「そっか、それなら仕方ない」と、水上の街で遊んだ。どこにいても何かはある。水上も雪はすごかったのでとても楽しかった。帰りは高崎の栄寿亭でソースカツ丼を食べて帰った。

そしてその翌日にまた同じ旅を試みた。今日がダメならまた明日。興味のあることに関して、僕はいつもそんな感じだ。

朝五時半の吉祥寺駅発で神田駅を経由して上野駅に行き、高崎に向かった。雪はどこから地面にあるのかと思ったら、昨日の「上牧」の一つ手前の「後閑（ごかん）」からだった。水上で乗り換え。今回はさらに先に行けた。越後湯沢で立ち食いそばを食べる。ここの立ち食いそばは本当においしい。そして昼前に長岡駅に到着。この時は山本五十六のことも河井継之助（かわいつぎのすけ）のこともほとんど知らず、ただ雪を見て街歩きをしたいだけだった。

駅前をぶらぶらして、イトーヨーカドー脇にある「おぐま珈琲店」でコーヒーを飲んだ。おいしかった。雪の降る寒い街で急に暖かいところに入って、温かいコーヒーを飲んだら安心して急に眠くなった。
そして店の窓の外を眺めるとあるものが目に入った。
それは向かいの二階のお店の看板だった。
ん？　あの絵はなんだ？

その店も喫茶店らしかった。版画でコーヒーを入れている絵で味があってすごく惹かれた。僕は次の本を版画集にしようとして毎日彫っているところだったから俄然興味がわいた。これを飲み終わったらその店も行こう。そこで喫茶店のマッチをもらおう。あの絵のマッチのはずだ。僕はコーヒーを飲み終わり、向かいの喫茶店にいった。そのお店は郭公といった。

店内はジャズな感じだった。窓際に座り、今度は逆におぐま珈琲を見ながらブレンドを注文。そしてコーヒーが運ばれてきた時に、目的の一言を告げた。

「あの、マッチもらえますか？」

そこで来たのは、大箱のパイプマッチ。僕が煙草を吸おうとしていると思ったみたい。

そっか。あのマッチはないんだな。じゃあ帰りに看板の写真を撮って帰ろうと思ったけど、水のおかわりがきた時に一応聞いてみた。

「あの、下の看板の絵のマッチってないですかね、」

するとママは、

「あ、あれ気に入った？　でもあれはもうないのよ。」といった。それであきらめがついた。

そうして地元の新聞を読んだりしてそろそろ帰ろうかと思っていたら、ママが来て、

「今、探したらひきだしに一個だけあったからあげるわ、最後のマッチよ！」といって笑った。

感動した。僕が絵描きだとも言っていない。店の常連でもない。東京から来たとも言っていない。向かいの店でコーヒーを飲んでいてたまたま看板を見てそれに惹かれてここに入っただけど。それなのにその店のもう手に入らない最後のマッチを僕にくれるなんて。

この恩はいつか返そう。そう心に誓った。そしてその年の春、僕の版画集『無気力爆発』が出版され、その中にその看板の絵を手本にしたカバーバージョン「長岡で珈琲を飲みたい青年」を収録した。

そしてその本をプレゼントしようと思って夏の長岡花火大会に行く時に、ぼくは本を持っていった。

ところで僕は当時、井の頭公園でポストカードを毎日のように売っていた。そこで色んなお客さんと友達になった。僕はこの郭公のマッチの一件以来、長岡、そして新潟が大好きになり新潟出身の人と出会うとすごく盛り上がってすぐに友達になった。その一人が新潟の五泉（ごせん）というところに住んでいる伊丹さんで、夏の長岡花火大会には毎年帰るから「キンさんも来る時は実家に泊まってもいい」と言われ、本当に泊まることにした。

その夏の予定はこうだった。長岡まで青春18きっぷで行き、友達に家に泊まり、翌日新潟まで行ってフェリーで北海道の小樽まで行き、そのあと長く北海道を旅する。船は午後に出て翌朝に北海道に着くから宿代も考えると安い。北海道につていてから先はどこに行くかは決めてない。そのころはいつもそんな感じだった。

そして長岡では花火大会よりも大事なイベントがあった。

郭公に出版された『無気力爆発』を渡しに行くことだった。僕は緊張していた。果たして半年前のことを覚えていてくれるだろうか？　店の大事な最後のマッチを渡した人だからきっと覚えてくれているかもしれない。いや、お店には色んなお客が来る。覚えていないかもしれない。まあいいや。当時のことを話してとにかく本を渡そう。

当日、長岡には十五時頃ついた。伊丹さんたちと花火を見に行く予定で待ち合わせは駅に十七時だった。駅について急ぎ足で郭公に向かった。その前におぐま珈琲にもよった。そこで相変わらずのおいしいコーヒーを飲んで弾みをつけて向かいの郭公にいった。それほど僕は緊張していた。階段を上り店のドアをあけて前に座った窓際の席に行こうとすると、そこには別な客がすでにいた。しかしその客は僕を見るなり、こういった。

「あ、キンさん！」

「？？？」一瞬何が何だかよく理解できなかった。どうして長岡の喫茶店で僕の名前を知っている人がいるのだ？　そして頭の中を整理して、その人をよく見ると、井の頭公園によく来てくれる客の直子さんだった。

「あれ、なんでここにいるの？」と聞いたら、実家が長岡で花火の時期に帰ってくるのだそうだ。そして長岡に帰ったらこの郭公にいつも寄るとのことだった。

「へー、そうなんだね。偶然だね。」

「キンさんこそなんでここに？」

「明日新潟から船で北海道に行くんだけど、長岡で花火を見ようと思って。今日は五泉の友達の家に泊まらせてもらうんだ」

「そうなんですね。また来る時はウチにもとまって下さい。家族でキンさんのファンなので歓迎しますよ」

親切心で言ってくれただけなのだろうけど、貧乏旅行の僕にとってすごく大事なので、

「本当に泊まっちゃうよ。みなさんによろし

く言っといてね」と笑いながら言った。

その時だった。僕の携帯がなった。今日泊まらせてもらう伊丹さんからだった。店の外にでて電話に出る。

「もしもしー。もう長岡着いてるよ。予定通り五時でいい?」

するとと返事は意外なものだった。

「キンさんごめーん。おばあちゃん倒れちゃって今親戚中集まって大変なことになってるの。キンさん泊められないかもしれないー!!」

僕も大変。でも伊丹さんは本当に大変。

「うん、大丈夫、大丈夫。なんとかなるよ」

花火のこともちょっと保留で様子をみることになった。さあ、今夜の宿どうしよう。僕は店に戻り、窓際の直子さんにこういった。

「あのー。来年じゃなくて今日泊まっていいですか？」

直子さんもびっくり。僕は事情を説明した。直子さんは家に確認してなんと泊まってても大丈夫なことになった。ありがたい。

直子さんはほどなくして家に帰り、花火大会が終わったら連絡をとることにした。

この一連のやりとりで「何でここに来たのか」という旅の目的を忘れてしまい、果たさずに安心して店を出るところだった。危ない、危ない。僕がこの店に来たのは、本をお店に渡すことだった。そしてレジでお金を払ってお店を出る時に、本を取り出してこう言った。

「あの、僕、実は二月にこの店に来て、下の看板の最後のマッチをもらったんですけど、覚えてますか？」

ママは覚えているような、覚えていないような感じだったけど、「うん、覚えてるわよ」といった。

「実は僕、東京で絵描きをしていてマッチのこと、すごく感動したので、あの絵をお手本に作品を作って『長岡で珈琲を飲みたい青年』と題を付けてこの本に収録したので、差し上げたいんですけど」

「あ、本当？　ありがとう」ママは軽い感じでにっこり笑ってくれた。

その夜の信濃川の河原で行われた長岡花火大会は感動した。日本一の花火大会と言われ、演出がすばらしかった。伊丹さんのおばあちゃんも大丈夫だったらしく、途中で合流した。今からでもウチに泊まれるけど、と言ってくれたけど、実は喫茶店で偶然友達に会って泊まっていいことになったと話した。

その夜は直子さんのお父さんが迎えに来てくれて家でみなさんに歓迎してもらった。僕は絵を描いてプレゼントした、なんか山下清みたいだと思った。翌日はフェリー乗り場まで送ってくれて僕は北海道に行き、さらに長い旅をした。

僕は今日まで色んな偶然や不思議なことがあったが、この時の思い出は特に印象深かった。当時の僕の状況、版画をやっていたことや、雪を見に行ったこと、井の頭公園で友達ができたことや、当日のことなど、どれひとつ違っていてもこのことは起こらなかったはずだ。

『無気力爆発』が出版された翌年、僕は早すぎた自伝という副題で『生まれたついでに生きる』という本を出した。それまでの人生を振り返るエッセイとそれまでに発表したポストカードを年代別にまとめた大きな本で、その中にこの「長岡での思い出」を書いた。内容は今書いた一連の出来事で、それを読んだ人が感動してくれて長岡の「郭公」に行ってくれた。ある時僕が井の頭公園にいたらその人が来てくれてそ

『長岡で珈琲を飲みたい青年』(2001)

の話してくれた、そしてその人は得意げに僕にあるものを見せた。

「そして私も郭公でもらいましたよ。最後のマッチ！」

「えええええー‼」

まったく同じマッチだった。

そのことを後に郭公のママに言ったら、ママも大笑い。

「ハハハ！　そうよね。本当に最後だったらあげないわよ！」

僕はそんな郭公が大好きだった。そんな思い出を振り返っていたらＭａｘときは新潟駅に着いた。今から僕にとっては初めての佐渡に行ってきます。初めてだけどその島にママがいると思うと不思議な感じがする。

想像力のフルコース

僕は大学を卒業しても働かず、それまでにちびちび貯めた貯金を食いつぶすだけの「無気力爆発時代」というのがある。お金はないけど時間はたっぷりあって毎日どう時間をつぶすかが課題だった。

朝十時ごろ起きて時代劇の再放送を見て、それが終わったら近所のスーパーに安いパンを買いに行き、それを食べたら出かけた。歩きか自転車か電車か、いずれにしても気のむくまま近所の街を散歩して、本屋があったら立ち読みしたりして、日が暮れたら帰ってきた。

駅から家まで帰る時は細い路地を通って帰った。そのほうが色んな家から夕食のにおいがするから。今夜はこの家は鍋、ここはハンバーグ、ここはカレー、ここは何の夕食かわからないけどニンニクを使っている。あ、この家は焼き肉だな、とにおいをかぎながら歩いていると何だかフルコースを食べたような贅沢な気持ちになった。もうそれだけでお腹いっぱいになって家に帰り、自分でインスタントのコーヒーを淹れて食後のコーヒーで満足するわけです。するとお金も使わないし、この方法結構いいなと思うのだけど、夜中にお腹がすいて、結局、朝買ったパンの残りを食べるのでした。

寒い夜と缶コーヒー

僕の旅は貧乏旅行だったので野宿を結構やった。でも野宿はかなり勇気がいる。恥ずかしいというよりは人に襲われたらどうしようという恐怖心があった。世の中いい人がたくさんいるのは知っているが変な人もいる。そういう人からどうやって身を守るか。

そこででた結論が「自分が変な人になっちゃえばいい」ということだった。夜、ベンチとかで寝ないで、出来の悪いロボットみたいにカクカク歩いたり、ニタニタしたりして一人で歩くと、みんな変な目で僕のことを見たり、離れたりするけど、襲われることはなかった。

そして朝になったら、列車に乗ってそこで寝る。僕が貧乏旅行をしていたころの北海道は周遊券と言って、期間内(二十日間)であれば、道内の鉄道なら自由に乗れるフリー切符があったのでそれに乗って、その中で寝たものだ。つまりその時の旅の日常は、昼頃から夜までは街をぶらぶらして、夜中になったら変な人になって、朝になったら列車に乗って眠る。そして昼頃起きてまた街を歩き始める。そんな感じだった。

函館で野宿した時は夏だった。することがないから函館山に登った。ロープウェイは終わっているけど三三四メートルだからすぐに登れるだろうと思って登山道を歩いたが、真っ暗で本当に怖かった。キツネだろうと思うけど暗いところでガサガサ音が何度もして、そのたびに熊じゃないかと思って奇声を発した。そこで函館山は車で上まで行くことができるので、ぐるぐるまわって遠回りだが、そっちの方が安心だと思い、車道を選んだ。そっちでも狐をたくさん見た。ヤンキーの車がどんどん僕を追い抜いていったりすれ違ったりしたが、僕はその度にカクカクへんな歩き方をした。狐もヤンキーも僕のことをキョトンとして見ていた。

結局山頂まで行くのに二時間くらいかかったと思う。誰もいなかった。夏ではあるけど北海道の夜は寒かった。疲れた。

そして眠くもなってきた。このまま寝たら危ない、眠気を覚ますために温かい缶コーヒーを飲んで目を覚まそうと思い、自動販売機を探した。やっと見つけたものの、寒さと早く飲みたくて急いでいたので、五百円玉を入れて自動販売機をせかすようにドンドンドンドンと三回続けて缶コーヒーのボタンを押すと、なんと冷たい缶コーヒーが三本も出てきた。僕が気づかなかっただけなのだが、夏なのでホットコーヒーはなく、連続購入ができる自動販売機。

僕はさっきのキタキツネのようにキョトンとして三本の冷たいコーヒーを持ちながらも世界三大夜景の函館を独り占めしようかと思ったけど、雲が出ていて夜景も見えなかった。

たまに飲みたいミルクコーヒー

朝食は家でパンを焼くか、冷凍してあるご飯を暖めるか、外に食べに行く場合に分かれる。いやそんなこともないか、今日は前の日のカレーを温めて食べた。昨日よりおいしくなっていた。トーストを焼くのも最近楽しい。というのは二〇一六年に吉祥寺の商店街、ダイヤ街の抽選でバルミューダという高級トースターが当ったのだ（ピース！）。クリスマスの時期にダイヤ街商店街のお店で商品を買うと応募用紙

がもらえて、それに記入して抽選箱に入れる。僕は全部で三つくらい入れたと思う。

それから一ヶ月くらい経ったある日、外にモーニングを食べに行こうとして玄関で靴を履いていたらピンポンと玄関のチャイムがなって、ドアを開けたら佐川急便の人が熨斗《のし》のかけてある段ボールを持っていた。何かと思ったらバルミューダのトースターだった。

感動した。僕は吉祥寺の色んなところで仕事をさせてもらっている、駅ビルのアトレでは絵を描いたり、イベントをさせてもらったりしている。中道通りはマップを描いているし、サンロードはフラッグや看板の地図を描いている。でもダイヤ街商店街だけは縁がないなと思っていたら、こんないい賞品が当るなんて。僕は買おうかずっと迷っていたのだ。それ以来トーストを焼くのがそれまでより楽しくなった。

今日もパンを焼いた。パンは結構色んな種類のパンが多いけど、最近（二〇一八年現在）は神戸屋の生食パンというのが多いかな。とてもおいしいです。それでコーヒーを入れるんだけど、今日はいつもと違って牛乳を多く入れてみた。砂糖を入れることはないんだけど、ミルクはたまに入れる。

今日はいつもより多めにミルクを入れた。牛乳が使い切れそうで、少しだけ余らせるより全部入れてしまおうと思ったのだ。

そして飲んだら急に旅先のことを思い出した。このミルクコーヒー、どこかで飲んだことある、と思ったのだ。僕は学生時代、毎年夏には北海道を放浪していた。一度行くと一ヶ月くらい北海道にいた。お金がなかったので、野宿を重ねて宿に泊まるのは五日に一回くらいだった。宿もユースホステルや「とほ宿」という相部屋の宿で、そこで一緒の部屋になった人と旅の話をしたものだ。そのどの宿屋だったかは忘れたけど、北海道のどこかの宿屋の朝、ラウンジで飲んだミルクコーヒー。その味だった。お湯のポットは赤かった。摩周湖のあたりだったような気もする。ログハウスのような宿屋で夏なのにひんやりする朝だった。もちろんコーヒーの種類は違うだろうし、まったく同じじゃないんだけど、今日のミルクコーヒーを一口飲んだ瞬間にその時とその場所に一瞬行けた自分がいた。

どこか思い出せないんだけどその時の空気だけは思い出せる。そこにいた人も何となく思い出せる。みなさんもそんなことありませんか？　あの時のみんなはどこで何をしているんだろう？　みんなもこのミルク多めのコーヒーを飲んだらあの時のことを思い出すかな？　僕は今日思い出した。そしてここであの時のことを書いている。

本書で紹介された喫茶店（コーヒー店）（掲載順）

（文責・マドレーヌブックス編集部）

BLACKWELL COFFEE（ブラックウェル コーヒー）
東京都武蔵野市吉祥寺本町 3-3-10　☎ 0422-27-1481

ルビー
埼玉県朝霞市東弁財 1 丁目 4-11　☎ 048-473-2798

COFFEE HALL　くぐつ草
東京都武蔵野市吉祥寺本町 1-7-7 島田ビル B1F　☎ 0422-21-8473

會津壱番館
福島県会津若松市中町 4-18　☎ 0242-26-4579

マロン
青森県青森市安方 2-6-7　☎ 017-722-4575

可否館
鹿児島県鹿児島市永吉 2 丁目 30-10　☎ 099-286-0678

挽香（2017 年閉店）　北海道稚内市

珈琲 まるも
長野県松本市中央 3-3-10　☎ 0263-32-0115

かうひいや３番地
長野県松本市中央 2-9-21　☎ 0263-33-2887

喫茶ルーエ（1991 年閉店）　東京都武蔵野市吉祥寺本町 1 丁目 14-3

フィレンツェ
東京都荒川区西日暮里 5-35-4 新和ビル 1F　☎ 03-3805-2744

喫茶コンパル
群馬県高崎市鞘町 62　☎ 027-322-2184

カフェ & デリ 伯爵邸
埼玉県さいたま市大宮区宮町 1 丁目 46　☎ 048-644-3998

郭公（2017 年 11 月閉店）　新潟県長岡市

デリー（2017 年 7 月閉店）　長野県松本市（カレー店）

カランコロン（あとがき）

というわけで『コーヒーと旅』以上です。最後まで読んでくれてありがとうございました。この本はとても個人的な本ですごく自由に楽しく書けました。二〇一七年の四月にマドレーヌブックスの洞澤さんがメールをくれて、本の出版をもちかけてくれた。ありがたいことだったけど、僕はもう十年以上も書き下ろしの本を書いていないし、スケジュール的なこともあったし、ちょっと自分でもどうすればいいか分からなかった。すると洞澤さんが、話だけでも聞いて欲しいと言ってくれたので、吉祥寺のくぐつ草で会うことにした。

ところが、僕が会う約束の日を一週間勘違いしていて、待ち合わせの時間、僕は東京の檜原村にある人里（へんぼり）というバス停に桜を見に行ってしまった。帰ったらメールが何通も来ていた。「着きました」「待ってます」「一応もう一時間います」。そんなこととはつゆ知らず、僕は満開の桜に感動していた。洞澤さんは僕に何かあったのではないか、みたいな心配までしてくれ帰ってメールを見て本当に恐縮して事実を全部メールに返した。

そして一週間後にまた再会して謝り、カレーもごちそうして話を聞いた。マドレーヌブックスは「コーヒー」もテーマにしている出版社でコーヒーの焙煎の本も出版している。そこで僕が全国旅しながら思い出に残っている喫茶店やコーヒーにまつわるエピソードのエッセイ集はどうかという話になった。

それなら僕も肩肘張らずに気楽に書けそうだし、書いてみたいとも思った。その後、五月にメキシコに行ったのも、目的はこの本にメキシコのコーヒーのことを書きたいと思ったこともある。仕事でテーマを与えられるとそれからの日常の思考回路がそっちにシフトしていくのは面白いことだ。洞澤さん、ありがとうございました。

僕は新しい物も好きだけど、昔ながらの物も大好き。銭湯が減ってスーパー銭湯が増え、アーケードや商店街は減ってショッピングモールができる。そして喫茶店が減ってカフェが増える。もちろん僕はスーパー銭湯もショッピングモールもカフェも好き。よく行く。その一方でもうこれ以上増えないであろう銭湯や商店街や喫茶店が愛おしくてたまらない。この本ではそんな僕が思い出に残っている喫茶店の話を中心にコーヒーと旅について書いた。書いたあとでいくつかのお店はもうすでにやっていないことも分かった。残念だけど、時代の流れに逆らおうとは思わない。そのお店があった時に行けた自分が幸せだったとも思う。松本のデリーのカレーの味は覚えているし、稚内の挽香だって十回以上は行っている。

長岡の郭公は僕の人生にも影響を及ぼした店だ。今はなくても僕は心の中でいつだってそれらの店に行くことができるのだ。行ったことがなければ心の中でも旅はできない。

そして今も大好きな喫茶店が全国にたくさんあるし、これからもまだそんな喫茶店に出会えるのではないかとワクワクしている。

「たかがコーヒー、されどコーヒー」という言葉はたぶん色んな人が言っているだろうけど、それは本当にそうで、コーヒー一杯にまつわる歴史や背景、それと自分との関わりに思いを巡らせていくと、一冊の本ができた。この本に収録した文章はどれも二〇一七年の九月から十二月までに思い出しながら書いたものです。今もそうだけど、喫茶店や家でたいていコーヒーを飲みながら目を閉じて、色々思い出しながら書いたので楽しく書けた。文章にコーヒーの香りがしみ込んでいるかな？

それでは僕も思い出の旅を終えて、カップに三分の一くらい残っているコーヒーを飲み干して、お会計をして現実に戻ります。みなさんともいつかどこかの喫茶店で偶然会うかもしれませんね。それではまた！

キン・シオタニ

二〇一八年一月

著者紹介

キン・シオタニ

イラストレーター・作家。1969年生まれ。学生時代は貧乏旅行にあけくれる。YMOの作詞で知られるクリス・モズデルに師事。1995年に発表されたイラストに長い題名をつけたポストカードシリーズで注目され、以降テレビ、雑誌、広告、教科書、書店のブックカバーやラッピングバスなど、多くの媒体にイラストや文章を提供。また新作落語を書いたり、作詞をしたりと、表現のジャンルを問わない。近年はドローイングシアターという独特のパフォーマンスやトークライブを国内外で行っているほか、「キンシオ」という散歩番組をtvk他で放送しており、その独特の視線が多くの支持を集めている。主な著書に『バカと40人の青年』『無気力爆発』『生まれたついでに生きる』など。

キン・シオタニウェブサイト　http://www.kinshio.com

イラスト　キン・シオタニ
装丁・DTP　岸　博久（メルシング）

コーヒーと旅

発行日　2018年2月20日

著　者――――キン・シオタニ
発行者――――洞澤　健吾
発行所――――株式会社マドレーヌブックス
東京都八王子市横川町20－1　〒193-0823
TEL 042-627-0509

 ISBN978-4-908969-01-0　C0095
定価は、カバーに記載しています。
落丁・乱丁本は送料小社負担でお取り換えいたします。